KüchenKult

Einrichten & Gestalten

Martha Fay

christophorus
collection

Originalausgabe erschienen bei
WELDON OWEN Inc.
unter dem Titel „Design Inspiration: Kitchens"

Copyright: © 2008 Weldon Owen Inc.

Copyright der deutschen Ausgabe:
© 2009 Christophorus Verlag
in der Verlag Kreuz GmbH
Postfach 80 06 69, 70506 Stuttgart

www.christophorus-verlag.de
<http://www.christophorus-verlag.de/>

Übersetzung: Isabelle Fuchs
Produktion: Print Company Verlagsgesellschaft
m.b.H., Wien

ISBN: 978-3-419-54131-9

Printed in China.

Inhalt

Individuelle Küchen 8

Aufbau 10

Stil 38

Farbe 68

Sitzplätze 92

Stauraum 116

Individuelle Küchen

Eine moderne Küche muss viele Kriterien erfüllen: Sie sollte funktionell und innovativ sein, reichlich Stauraum sowie Sitzplätze bieten und außerdem gemütlich sein. Ungeachtet des Budgets sollte sie möglichst keine Wünsche offen lassen.

Ob Sie nun Ihre alte Küche auf Vordermann bringen oder eine komplett neue einrichten wollen, Sie müssen unzählige Details beachten und viele Entscheidungen treffen. Doch womit anfangen?

Zunächst geht es um Anordnung und Aufbau. Wo sollen sich die zentralen Elemente befinden, muss man zusätzliche Fenster einplanen oder Wände einreißen? Soll eine Kochinsel den Mittelpunkt bilden oder möchten Sie lieber eine kompakte Küchenzeile und einen großen Tisch im Landhausstil in der Mitte des Raumes? Sobald Sie entschieden haben, welcher Aufbau Ihren Anforderungen entspricht, sind Sie bereits auf dem besten Weg zu Ihrer Traumküche.

Danach geht es ans Gestalten: Die Kombination von Stil und Farbe macht aus Ihrer Küche ein Unikat. Wie Sie auf den folgenden Seiten feststellen werden, muss Ihre Küche nicht wie die Ihres Nachbarn aussehen. Wollen Sie eine kühle Profiküche, einen Raum in warmen Farben, in dem man sich gerne trifft oder einen Rückzugsort? Vielleicht geht Ihnen die folkloristische Küche, die Sie auf einer Mexikoreise gesehen haben oder eine Landhausküche in Südfrankreich nicht aus dem Kopf. Übernehmen Sie Elemente und Farben daraus.

Sitzplätze und Stauraum sind ebenfalls sehr wichtig. Hier richtet sich die perfekte Lösung nach Ihren Bedürfnissen: Wie viel wollen Sie unterbringen und wie viele Leute sollen bequem Platz finden?

Lassen Sie sich von den Küchen in diesem Buch inspirieren, und Sie werden mühelos herausfinden, welche Küche genau die richtige für Sie ist.

Aufbau

Der Aufbau einer Küche bestimmt ihre Funktionaliät. Wichtig ist die Anordnung von Kühlschrank, Spüle, Herd und Essplatz. Wenn Sie hier alles gut platzieren, erhalten Sie eine optimale Küche, egal, ob Sie einen großen oder einen kleinen Raum zur Verfügung haben.

Alles im Fluss

Nicht nur Freiraum ist beim Arbeiten arbeiten wichtig, sondern auch ausreichend Licht und Luft. Ihre Küche sollte zugleich funktionstüchtig und offen sein.

Bewährtes Modell

Das klassische „Arbeitsdreieck" mit wenig Abstand zwischen Herd, Kühlschrank und Spüle ist ideal. Platzieren Sie die Geräte so, dass andere nicht ständig Ihren Weg kreuzen, wenn Sie gerade kochen. Das gewährleistet auch ein harmonisches Familienleben.

Klassiker

Die Standardformen sind schwer zu schlagen. Die U-Form ist zwar effizient, behindert aber den freien Durchgang. Die L-Form passt dafür in jede Ecke. In Verbindung mit einer Kochinsel ist die L-Form die beste Lösung, um einen offenen Raum zu schaffen.

Küchenzeilen

Die nebeneinander liegenden Arbeitsbereiche einer Küchenzeile sind extrem praktisch. Außerdem können Sie je nach Budget gestaltet werden. Stellen Sie den Kühlschrank an ein Ende, das möglichst so zugänglich ist, dass man nicht den ganzen Raum durchqueren muss.

Offen oder kompakt

Eine kompakte Küchenschrankwand passt vielleicht zur restlichen Einrichtung Ihres Hauses, offene Regale machen Ihre Küche lebhafter. Ob alle Utensilien weithin sichtbar oder in Schränken verborgen sind, bestimmt den gesamten Stil Ihrer Küche.

Hoch oder niedrig

Werden Sie Hängeschränke anbringen oder haben Sie lieber freie Wände? Ein guter Kompromiss wäre eine Vorratskammer oder eine zimmerhohe Schrankwand, Sie können auch mit niedrigen, offenen Regalen arbeiten, die Sie vielleicht sogar vor die Fenster stellen.

Die Kochinsel

Ist nicht ohne Grund beliebt: Sie schafft eine perfekte Verbindung zwischen Koch- und Lebensbereich, zwischen Sitzplatz, Arbeitsflächen und Schränken. Machen Sie die Insel zum Mittelpunkt einer offenen Küche oder platzieren Sie sie parallel zur Küchenzeile.

Passt perfekt

Diese Einbauküche mit Ober- und Unterschränken ist dem Raum perfekt angepasst. Der Arbeitsbereich befindet sich in einer Ecke, gegenüber stehen die Stühle für „Zaungäste" und der Kühlschrank ist frei zugänglich.

Zurück zum Wesentlichen

Der Reiz dieser Küche entsteht aus der ungewöhnlichen Kombination. Der Schrank wurde durch offene Regale ersetzt und der Stauraum befindet sich komplett unter der Arbeitsfläche.

Der Sitzplatz

Diese L-Form bietet ausreichend Platz für einen Esstisch, der auch als Arbeitsfläche dient. Hier kann man wunderbar zusammensitzen oder gemeinsam Plätzchen backen. Der Wandschrank ersetzt die fehlenden Oberschränke.

Schlichte Eleganz

Die schmalen, symmetrisch gegenüberliegenden Küchenzeilen lassen den Raum größer und länger erscheinen, weil sie den Blick auf das Fenster freigeben.

Kunstvoll Der minimalistische schwarze Unterschrank bildet einen reizvollen Kontrast zur modernen Kunst, dem Lüster und dem glänzenden Parkettboden.

Akzente setzen

Ein einzelnes Holzregal auf Augenhöhe durchbricht die Strenge dieser in Schwarz und Weiß gehaltenen Küche. Der Fliesenboden lässt den Übergang zwischen drinnen und draußen verschwimmen.

Gute Mischung

Zwischen den rot lackierten Küchenschränken bilden der hölzerne Esstisch und die Spüle eine kompakte Insel. Die hohen Schränke bieten viel Stauraum, allerdings büßt man so Arbeitsfläche ein.

Lichterfüllt Die klaren Linien dieser Küche erhalten durch Stahl und gelbe Farbtupfen Akzente. Die überdimensionalen Armaturen verstärken die Offenheit des Raumes.

Rau und glatt

Bei diesem ungewöhnlichen Design bildet die schlichte weiße Küchenzeile die Kulisse für den klobigen Tisch und die schön gemaserten Schränke. Das Vollholz verleiht dem Raum viel Wärme.

Weniger ist mehr

Klare Strukturen sorgen hier für Zen-Charakter: Die stromlinienförmige Arbeitsplatte links lässt Unterschränke und Geräte in den Hintergrund treten. Rechts ersetzen der Einbauofen und die Kochstelle den herkömmlichen Küchenherd.

Schön skurril

Ein offener Stauraum, eine klare Arbeitsfläche, Farbakzente und witzige Stühle verwandeln diese Küche in einen charmanten Raum.

Verschmelzung

Der einheitliche Stil lässt Küche und Wohnzimmer harmonisch zusammenwirken.

Stil

Der Stil unterscheidet Ihre Küche von der Ihres Nachbarn. Wichtig ist die Zusammenstellung – egal, ob Sie ein modernes Hochglanzmodell oder eine Kombination aus alt und neu wählen.

Die individuelle Gestaltung

Verwandeln Sie Ihre Küche schrittweise in einen Raum, der Ihre Persönlichkeit widerspiegelt. Nehmen Sie sich für ein rundes Gesamtbild alle Einzelelemente vor.

Materialien

Holz ist warm, Bambus widerstandsfähig und Edelstahl chic. Die Auswahl an Materialien scheint endlos. Bleiben Sie offen für Gegensätze und kreieren Sie in aller Ruhe eine Kombination, die Ihnen gefällt und die Bestand hat.

Schränke

Sie erfüllen eigentlich einen einfachen Zweck. Doch ihre Form und Farbe beeinflussen die Atmosphäre eines ganzen Raumes. Glatte Schränke lassen ihn sehr gepflegt wirken, Landhausmöbel sorgen für einen urigen Charakter.

Fußboden

Der Boden kann einem Raum Farbe, Struktur oder einen Hauch von Luxus verleihen. Und er unterstreicht das Grundthema. Das Material ist natürlich auch eine Kostenfrage, doch es sollte auf jeden Fall lange haltbar sein.

Fenster

Sie lassen nicht nur das Tageslicht ein und bestimmen die Aussicht, durch die Anordnung der Fenster kann man den Raum auch größer oder kleiner wirken lassen. Sie sollten aber zugänglich sein, damit man sie regelmäßig reinigen kann.

Lichtquellen

Das Licht sollte gleichzeitig funktionellen und ästhetischen Ansprüchen genügen. Wählen Sie eine dimmbare Lichtquelle, die von mehreren Stellen aus bedienbar ist. Sinnvoll gesetzte Spotstrahler verleihen dem Raum zusätzlich Atmosphäre.

Akzente

Dekorative Akzente vervollständigen jeden Raum, die Küche bildet da keine Ausnahme. Fotos, Gemälde, Liebhabersammlungen und Teppiche sorgen für eine persönliche Note. Sie sollten nur problemlos zu reinigen sein.

Starke Akzente Die tiefrote Wand, schwarze Bilderrahmen, dunkle Lampen und architektonische Spielereien verleihen dieser Küche einen mondänen Touch.

Industrieller Chic

Sparsam eingesetzte Holzschränke, eine Edelstahlspüle und die massive Arbeitsplatte passen perfekt zur Gewächshaus-Atmosphäre dieses schmucken Eigenheims.

Gegensätze ziehen sich an Die Kombination aus Hightech, Edelstahl, grob verputzten Wänden, Steinplatten und einer Werkbank ist bestechend.

Machen Sie Ihre Küche zum Ausstellungsraum

In einer großzügigen, bewusst sparsam eingerichteten Küche wirken selbst praktische Geräte wie seltene Ausstellungsstücke. Vor dem modernen Foto sieht der riesige Holztisch wie eine Skulptur aus. Die Wand aus Stein fungiert als Raumteiler und hat einen überraschenden Effekt.

Spiel mit Mustern

Hier geben die blau-grünen Mosaikkacheln der Wand den Grundton vor, der durch das gleichfarbige Porzellan auf den schwebenden Regalen spielerisch ergänzt wird.

Natürliche Anmut

Das Holz an der Decke und an den Fenstern verleiht dieser Küche etwas Rustikales. Der antike Ofen und die einfachen Holzbänke runden das Bild ab.

Nischen schaffen

Hier ersetzt eine offene Steinkonstruktion die Küchenschränke. Die Nischen können vielseitig genutzt werden. Die Wandvertiefungen und Regale verstärken den spielerischen Charakter.

Tropisches Flair

Kachelböden, durchbrochene Schranktüren und der bankettartige Sitzplatz lassen an die Tropen denken. Die ungewöhnliche Farbpalette aus Rot, Weiß und Schwarz bringt eine persönliche Note. Die bodenlangen Vorhänge filtern sanft das Sonnenlicht, lassen aber stets eine leichte Brise durch.

Rückzug

In dieser gemütlichen Küche trifft eine Fülle an sehr unterschiedlichen Materialien und Strukturen aufeinander. Das erzeugt ein zutiefst harmonisches Gesamtbild.

Landleben Die Holzdielen bringen Wärme in diese weiße Landhausküche. Der Kühlschrank aus Edelstahl liefert einen reizvollen, modernen Gegensatz.

Ein Hauch von Luxus

Auch wenn sich Küche und Esszimmer nur durch ein paar Stilelemente unterscheiden, genügt ein einziger prächtiger Gegenstand wie der Lüster, um zu verdeutlichen, wo das große Dinner stattfindet.

Gourmettempel

Wenn Ihre Küche wie eine Restaurantküche aussehen soll, ist reichlich Edelstahl angesagt. Profigeräte verstärken den Effekt.

Trödelchic

Eine Ansammlung von Erbstücken und Flohmarktfunden verleiht einem Raum persönlichen Charme. Vor allem in einem Ambiente mit Vintage-Flair.

Farbe

Gestalten Sie Ihre Küche mit Farbe, um besondere Stimmungen zu erzeugen, den Raum abzugrenzen oder um Wände scheinbar zurückweichen zu lassen. Ob Sie dafür dezente oder kräftige Farben wählen, für große Flächen oder einzelne Akzente, bleibt Ihnen überlassen.

Farbige Vielfalt

Hier können Sie aus dem Vollen schöpfen: Es gibt bunte Wandfarbe, Kacheln, Bodenfliesen, Steine, Beläge, Küchenmöbel und vieles mehr.

Kombinieren Sie

Die vier Wände Ihrer Küche müssen nicht unbedingt die gleiche Farbe haben. Auch die Schränke nicht. Versuchen Sie doch einmal einen Mix aus kräftig und dezent, sei es an den Wänden oder bei der Einrichtung.

Warm oder kühl

Gelb, Orange und Rot sind warme Farben, Grün, Blau und Violett wirken eher kühl. Spielen Sie mit der Farbpalette, um Kontraste oder eine harmonische Einheit zu erzeugen. Auch eine Mischung aus beidem kann reizvoll sein.

Erst ausprobieren

Manche Experimente können teuer werden. Testen Sie die Farbe auf neutralem Grund, bevor Sie einen roten Herd blau überstreichen. Bedenken Sie auch, dass man bunte Wände oder Möbel leichter verändern kann als feste Installationen.

Reines Weiß

Weiß symbolisiert Reinheit und ist deshalb die traditionelle Küchenfarbe. Weiß ist auch ein idealer neutraler Hintergrund für intensive Farbtupfer, z.B. Geschirr, Vorhänge oder Einzelgeräte. Außerdem hält es andere Farben in Schach.

Black Power

Schwarz ist unschlagbar. Ein schwarzer Boden oder eine anthrazitfarbene Arbeitsfläche hat eine enorme Wirkung. Im Zusammenspiel mit Weiß oder sanften Farben verspricht ein dunkler Fleck stets einen dramatischen Effekt.

Wie viel?

Kann eine Küche auch zu bunt sein? Das hängt davon ab, wer am Herd steht. Gewagte Farben sind sicherlich nichts für Schüchterne, doch letztlich kommt es nicht auf die Menge, sondern auf die ausgewogene Mischung an.

Sanftes Blau

Keine andere Farbe hat eine derart beruhigende Wirkung und ist so universell einsetzbar wie Blau. An der Wand lässt es einen Raum größer wirken. Weiße Elemente scheinen durch tiefes Blau strahlender.

Heiteres Gelb Die narzissengelben Küchenschränke machen die weißen Wände lebhafter. Gezielt gesetzte Farbakzente sorgen für einen subtileren Effekt.

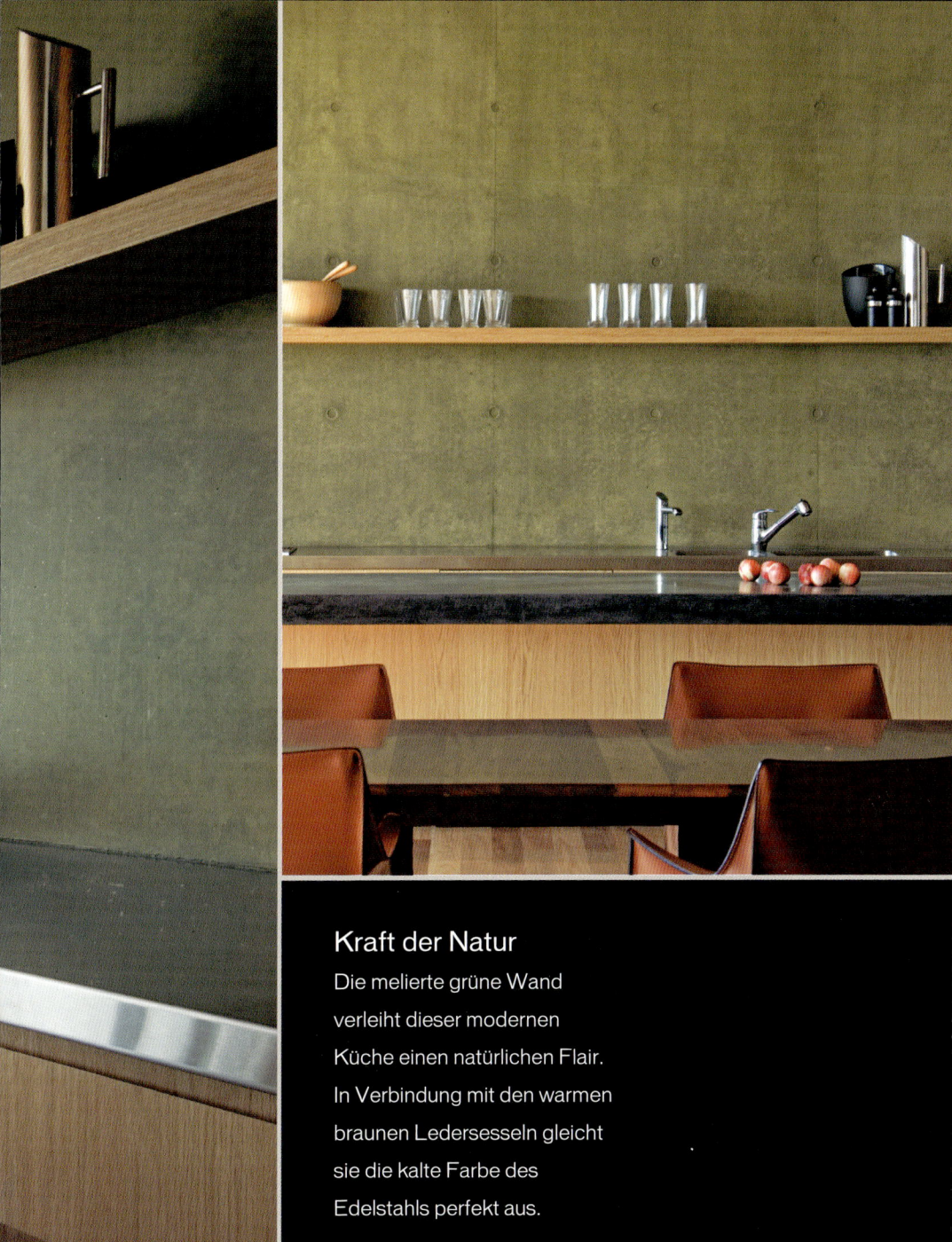

Kraft der Natur

Die melierte grüne Wand verleiht dieser modernen Küche einen natürlichen Flair. In Verbindung mit den warmen braunen Ledersesseln gleicht sie die kalte Farbe des Edelstahls perfekt aus.

Wandlungsfähig Bunte Kacheln erweitern die Farbpalette eines Raumes sofort. Lebhafte Farben eignen sich für kleine Flächen, ruhige für größere.

Im Brennpunkt

Die verblüffendste Lösung ist manchmal ein komplett weißer Raum mit einem einzigen Farbfleck. Da er sofort alle Blicke auf sich zieht, sollten Sie ein Möbelstück oder Gerät dafür nehmen, das diese hohe Aufmerksamkeit wirklich verdient.

In Harmonie

Rot und Grün sind als Komplementärfarben eine gewagte Kombination. Doch das sanfte Blaugrün der Regale passt wunderbar zu den roten Linoleumflächen sowie zu den Accessoires in allen Regenbogenfarben.

Eine offene Küche wird durch kräftige Farbflächen abgegrenzt.

In Verbindung mit einem warmen Holzboden und glatten Flächen wirkt tiefes Orange oder Rot nicht zu laut. Der kontrollierte Einsatz von leuchtendem Rot an der Wand und bei den Barhockern bringt genau den richtigen Akzent in die schnörkellose Küche.

Struktur zählt Die raue rote Ziegelwand bringt in diesem Fall mehr Wärme und Charakter in den Raum als der Einsatz von Farben.

Schneller Wechsel

Die weiße lange Front bietet genug Platz, um mit buntem Glas und farbenfroher Keramik lebendig gestaltet werden zu können. Das Farbschema kann jederzeit problemlos verändert werden.

Starker Kontrast Weiß wird bei Küchen stets lieber verwendet als Schwarz. Doch die Verbindung der beiden Farben garantiert einen dramatischen Effekt.

Sitzplätze

Eine Küche ohne Stuhl ist fast undenkbar, und wenn es mehrere Sitzplätze gibt, ist es umso besser. Bei einer großen Küche muss man nur noch den richtigen Tisch dazu finden, bei einer kleinen sollte man ein wenig kreativer sein.

Nehmen Sie Platz

Der Sitzplatz in der Küche erfordert oft sorgfältige Überlegungen: Tisch oder Insel; zusätzlicher Stauraum oder Beinfreiheit. Treffen Sie eine kluge Wahl.

Den Platz nutzen

Falls Sie eine große Küche haben, gibt es nichts Besseres als einen geräumigen Tisch mit vielen Sitzplätzen. Dabei ist die richtige Position entscheidend. Tisch und Stühle sollten außerdem zum restlichen Stil der Küche passen.

Mut zur Vielfalt

Die Stühle um Ihren Tisch müssen nicht identisch sein. Gerade in einer Familienküche kann eine Mischung aus antik und modern sehr reizvoll wirken. Die Stühle aus Großmutters Küche und Designerstücke können sich durchaus vertragen.

Barhocker

Sie bieten zusätzliche Sitzgelegenheiten, ob für Familie oder Gäste. Planen Sie welche ein, wenn es der Grundriss Ihrer Küche zulässt – natürlich in Verbindung mit einer hohen Ablage, auf der man Aperitifs oder Snacks servieren kann.

Praktische Lösung

Zu wenig Platz für Tisch und Stühle? Wählen Sie niedrige Hocker, die man unter den Tisch schieben kann; oder einen Tisch, den man zur Wand hochklappen kann, wenn man ihn nicht braucht, damit der freie Durchgang erhalten bleibt.

Schön behaglich

Gemütlich beisammensitzen ist herrlich. Wenn Sie nur eine Nische zur Verfügung haben, wählen Sie einen runden Cafétisch. Attraktiv ist auch ein Säulentisch, der auf einem Sockel ruht, dann sind die Tischbeine nicht im Weg.

Auf der Bank

Auf einer Bank haben viele Leute Platz, weil man so nett zusammenrücken kann. Steht die Bank an einer Wand, nimmt sie nicht viel Platz ein, zudem kann man sie unter den Tisch schieben, wenn sie gerade nicht benötigt wird.

Wunderbar flexibel

Die verlängerte Arbeitsplatte bietet sechs Sitzplätze, ohne den Stauraum und Arbeitsbereich zu beeinträchtigen. Werden die Hocker nicht gebraucht, schiebt man sie einfach unter die Platte.

Offene Räume In dieser lichtdurchfluteten Küche mit Ausblick spielt der Sitzplatz die Hauptrolle. Das Verhältnis zwischen Arbeits- und Essbereich ist ausgefeilt.

Legere Eleganz

Lange Bänke und offene Regale schaffen einen Essbereich wie im Bistro. Das Naturholz gleicht das Dunkel der Tafel und der Schränke aus. Weiche Kissen sorgen für Bequemlichkeit.

Bunte Mischung

Die weiße Küche tritt in den Hintergrund. Der Blick fällt auf die völlig unterschiedlich gestalteten Sitzplätze.

Offen für Gegensätze

Der Eichentisch und die verwitterten Stühle bilden einen reizvollen Kontrast zur hochmodernen Küchenzeile aus Edelstahl und Glas.

Dichter Kreis

Auf engem Raum ist ein runder Tisch ideal. Im mehrstöckigen Tischaufsatz finden Frühstücksgeschirr, Zucker und hübsche Gläser Platz.

Lauschig Auch in kleinen Küchen muss man auf Behaglichkeit nicht verzichten. Die gut gepolsterten Bänke und der Tisch im Vintage-Stil laden zum Verweilen ein.

Kreativ Der Säulentisch wurde ans Fenster gerückt, flankiert von zwei ungewöhnlichen Hockern. Das Kissen auf dem Unterschrank bietet noch mehr Plätze.

Indoor-Picknick

Eckbänke und ein schlichter Holztisch in dieser Küche mit Gartenblick verstärken das Gefühl, im Freien zu sitzen.

Herausgeputzt Ein weißer Boden und ein Perlenlüster verleihen den abgestoßenen Möbeln etwas Edles. Die Bank steht an der Wand, um Platz zu sparen.

Stauraum

Beim Verstauen gibt es keine festen Regeln. Es ist schlicht eine Frage des Geschmacks, ob Sie Ihre Küchenutensilien offen präsentieren wollen oder lieber verbergen. Hauptsache, Sie wissen, wo sich die Dinge befinden.

Denken Sie strategisch

Passen Sie den Stauraum in der Küche Ihren Kochgewohnheiten und Ihrem Lebensstil an, und denken Sie dabei auch an Ihre Mitbewohner.

Schritte zählen

Wie oft müssen Sie beim Kochen den Raum durchqueren? Ist das Salz in Reichweite, wenn Sie gerade im Topf umrühren? Sorgen Sie dafür, dass alle notwendigen Utensilien stets griffbereit sind, möglichst an einem zentralen Ort.

Arbeitsbereiche

Spielen Sie gedanklich alle Arbeitsschritte durch, vom Zutaten vorbereiten übers Reinigen bis zum Spülmaschineausräumen, und ordnen Sie die Dinge dementsprechend an. Auch das Kochgeschirr sollte idealerweise leicht zugänglich sein.

Ordnung halten

Küchengeräte, die Sie nicht täglich brauchen, gehören nicht auf die Arbeitsplatte. Da sollten besser Dinge stehen, die Sie ständig benutzen, etwa der Toaster, ein Mixer, Öle und Kochlöffel. Alles andere können Sie wegräumen.

Mehr Stauraum

Herkömmliche Unterschränke nehmen meist viel Platz ein. Nutzen Sie jeden Zentimeter, bringen Sie Haken oder eine Küchenleiste an. Oder wählen Sie große Küchenschubladen, die man auf Rollen komplett herausziehen kann.

Gut sichtbar

Eine hübsche Gläser- oder Porzellansammlung ist gleichzeitig ein Blickfang und nützlich. Sie verleiht einem Raum sofort persönlichen Charakter. Präsentieren Sie Ihre Lieblingsstücke in einer Vitrine oder im Regal.

Allzeit bereit

Die Küche ist ein Anziehungsort für jeden Gast. Praktische Kleiderhaken und Beistelltischchen als Ablage für Mitbringsel, Schlüssel usw. sind daher sinnvoll. Das hält die Arbeitsfläche frei, und Freunde sowie Familie fühlen sich willkommen.

Aus einem Guss

EIn kompletter Wandschrank ist natürlich ein Traum. Dieses System enthält einen Arbeitsbereich, praktische Nischen sowie eine Bibliotheksleiter, damit man auch an die höheren Stellen gelangt.

Die Art, wie Sie Dinge verstauen, ist stilprägend

Die spezielle Ordnung bewirkt den Charme dieser Küche: Eine magnetische Messerleiste, eine Vitrine mit einem Kochbuchregal, ein Weidenkorb, der auch als Sitzgelegenheit dient und ein Buffet mit einer Stange, an der man Küchenutensilien aufhängen kann.

Küchenbox

Diese Kompaktküche steckt in einem Metallcontainer, der mit einem Deckel verschlossen werden kann, sobald das Abendessen vorüber ist. Dann dient sie als glänzende Bücherablage.

Alles griffbereit Schubladen erleichtern hier den Zugang. Genauso die Oberschränke ohne Türen und die offenen Regale, die scheinbar schweben.

Genießen Sie den täglichen Anblick Ihrer „Ausstellungsstücke"

Die massiven Regale wurden passend zur restlichen Einrichtung gestrichen und wirken somit wie Einbaumöbel. Das bringt optische Ordnung und sorgt für Offenheit. Sortieren Sie die Dinge nach Farben und Größen, damit sie einheitlich aussehen.

Freie Fläche Durch den abgeschrägten Hängeschrank wird der Platz optimal genutzt. Auch Wasserhahn und Abtropfgestell sind oben angebracht.

Überraschende Kombination Durch die farbenfrohe Keramik und die bunten Kochbücher fällt der Edelstahl nicht so dominant ins Gewicht.

Alles an seinem Platz

Freistehend oder eingebaut, mit einem wie eine Vorratskammer konzipierten Schrank kann man nichts falsch machen. Sofern er Glastüren hat, können Sie ihre Schmuckstücke darin ausstellen.

Herzeigen

Die hübschen alten Dinge, die Sie auf dem Trödel erworben haben – Teekannen, Zinnteller, Kuchenformen – sollten Sie nicht verstecken. Auf einem Sims oder auf Regalen können Sie sie täglich bewundern oder auch benutzen.

Nah dran

Verstauen Sie Ihre gut geschärften Küchenmesser nicht in Schubladen, sondern hängen Sie sie griffbereit an eine Magnetleiste.

Schön frontal

Wertvolles Porzellan sollte sicher verwahrt werden. Im beliebten klassischen Tellerhalter ist es gut aufgehoben. Bunte Tassen sehen im Fächerschrank hübsch aus.

In Reserve Eingebaute Weinregale aus Holz sind nicht nur dekorativ, der Genuss ihres Inhalts verspricht weitere Annehmlichkeiten.

001 Qupe Syrah

997 Jade Mountain
"La Provençal"

997 Viognier

KüchenKult

Bildnachweis: **Umschlag** IPC Syndication/*Living Etc.*/Paul Massey; **11** IPC Syndication/*Living Etc.*/Jake Fitzjones; **12** Pieter Estersohn; **21** Gaelle Le Boulicaut/Architekt Messana O'Rorke; **22-23** Andreas von Einsiedel/Designer Rose Uniacke; **24-25** Redcover.com/Jake Fitzjones; **26-27** IPC Syndication/*Living Etc.*/Tim Imrie; **30-31** Guy Obijn/Inneneinrichtung Kristel Peeters; **32** Gaelle Le Boulicaut/Architekt Mark Guard; **34-35** Gaelle Le Boulicaut/ Architekten Anne Sevestre und Herve David; **42-43** Ngoc Minh Ngo; **44-45** Lisa Romerein; **46-47** Alexander van Berge/Produktion für EHI, Jeen Boetzel; **48** Alexander van Berge/Produktion für EHI, Rob Jansen; **50-51** Redcover.com/Jake Fitzjones; **54-55** Gaelle Le Boulicaut/Design Emma Wilson; **56-57** Gaelle Le Boulicaut/Titeldesign Caitlin und Sam Dowes Sund es/pophamdesign.com; **59 (oben rechts)** IPC Syndication/*Living Etc.*/Jake Fitzjones; **60-61** Pieter Estersohn; **64** Camera Press/*Marie Claire Maison*/José van Riele; **65 (oben rechts)** Alexander van Berge/Produktion für EHI, Jeen Boetzel; **69** Prue Ruscoe; **70** Lisa Romerein; **72** Julian Wass; **73** IPC Syndication/*Living Etc.*/Oliver de Motte; **76-77** Simon Kenny; **78** Camera Press/*Marie Claire Maison*/Mai-Linh; **79** Camera Press/*Marie Claire Maison*/Agnès Dahan; **80** IPC Syndication/*Living Etc.*/Dan Duchars; **81 (links)** Redcover.com/Winfried Heinze; **81 (rechts)** IPC Syndication/*Living Etc.*/Paul Massey; **84** IPC Syndication/*Living Etc.*/Paul Massey; **86** Camera Press/*Marie Claire Maison*/Jacques Caillaut; **87** Joseph De Leo; **88-89** Gaelle Le Boulicaut/Architekt Sam Marshall; **93** Andreas von Einsiedel/Glyn Emrys of A-EM Architekten; **102-103** Eric Roth/Inneneinrichtung Pappas Miron; **106-107** Ngoc Minh Ngo/Inneneinrichtung Margaret Elman; **108-109** Prue Ruscoe; **110-111** Lisa Romerein; **117** IPC Syndication/*Living Etc.*/Paul Massey; **120-121** Guy Obijn/Inneneinrichtung Helen Delforge; **122-123** Photozest/Inside/*House & Leisure L*/M Hoyle; **124-125** Photozest/Inside/A Barahle/Architekt Gianluigi Mutti; **126** Redcover.com/Winfried Heinze; **127** Simon Kenny; **129** Alexander van Berge/Produktion für VT, Fietje Bruijn; **134** Lisa Romerein; **135** Brian Vanden Brink; **136, 137 (links)** Pieter Estersohn; **137 (rechts)** Brian Vanden Brink; **138** IPC Syndication/*Living Etc.*/Russell Sadur; **139 (oben rechts)** Redcover.com/Dan Duchars; **139 (bottom rechts)** IPC Syndication/*Living Etc.*/James Gardiner; **141** IPC Syndication/*Living Etc.*/Daniel Farmer; **142** IPC Syndication/*Ideal Home*/Simon Whitmore; **Umschlagrückseite (links)** Julian Wass; **(rechts)** Ngoc Minh Ngo.

Fotos von Hotze Eisma: **28-29** Concrete Architekten Amsterdam; **2, 75, 140 (links)** Stylist Julia Bird; **40** Stylist Nicolette de Waart; **20, 33, 49** (Architekt Claudio Silvestrin), **66 (oben links), 74** (Architekt Moriko Kira), **114-115, 118, 130-131** Stylist Ulrika Lundgren; **82-83** Stylist Tatjana Quax; **4-7, 16-19, 39, 58, 59 (unten rechts), 63, 90-91, 98-99, 128** (Architekt Piet Boon), **132-133** Stylist Reini Smit.

Alle anderen Fotos © Weldon Owen Inc./Pottery Barn: **67** Dan Clark; **1, 96-97, 140 (rechts), 143** Stefano Massei; **14-15, 52-53, 62, 65 (unten rechts), 66 (unten links), 94, 100-101, 104-105, 112-113** David Matheson; **36-37, 85** Alan Williams.

Besonderen Dank an die Bildredakteure Nadine Bazar und Sarah Airey